PARTO DE UNA ESTRELLA

PARTO DE UNA ESTRELLA

PAOLA DENEB MOCTEZUMA

Valparaíso
EDICIONES

Número 491 de la Colección VALPARAÍSO DE POESÍA
dirigida por FEDERICO DÍAZ-GRANADOS

Diseño de colección: Chari Nogales
Maquetación: Carlos Henson

Primera edición: junio de 2025

© De los poemas: Paola Deneb Moctezuma
© Diseño de portada: Anna Váczi

© Valparaíso Ediciones
C/ Fray Leopoldo, 7 bajo, 18014 Granada
www.valparaisoediciones.es

ISBN: 979-13-87538-49-1
Depósito Legal: GR 882-2025

Impreso en España - *Printed in Spain*
Gráficas Gami

A mi madre.

Dentro del límite
del idioma de mi silencio
allí donde brota la tierra
prendo una veladora
intento ver tu cuerpo

la sintaxis
semántica de un lenguaje
que no logro entender

hay una ventana
en el laberinto de tus manos
hay una llave detrás del librero
bajo el pájaro que recogimos muerto.

(Hay) una herida (que) atraviesa mi espalda
una cicatriz, empieza en el hombro
es aquí en donde más la siento
otras veces duerme con todo su peso
cerca del cuello

es una herida
con un texto escrito en prosa
tal vez en verso
o quizá
solamente una palabra

(sellada con ardiente metal)

dice quién soy
me aterra

de dónde viene el aliento de mi voz
cuántas distancias ha recorrido

tomo un espejo
y trato de ver la herida
en el reflejo de otro espejo
pero no hay nada

un lienzo vacío
un lunar arriba al centro
nada más

angustia

ando a paso ciego
creo que sigo algo
que voy por el camino que quiero
pero no

en mi espalda
el camino se dibuja
letra por letra

qué tal si no lo puedo leer
qué tal si lo leo y no lo entiendo

voz rota, fragmentada
voz que miente
miente para crear una máscara
y otra
encima de capas y capas
de un peso que cae sobre mí

pero esto no es del todo cierto

trato de escuchar las palabras
quiero acercarme a ellas
beber su sonido
escuchar la melodía
que marca el ritmo de la sangre

¿quién las escribió?
¿quién rayó mi espalda?
acaso fue cuando dormía y tenía un mal sueño
o la primera vez que reí a carcajadas

tal vez fue en el primer llanto
luego de salir del cuerpo de mi madre
sangre alejándose del centro
cayendo

¿quiero limpiar la sangre de mis manos?
pedir perdón
¿a quién?

soy lo que alcanzo a ver de mí
y también
todo lo que no veo

la búsqueda del sonido
la voz de todos mis sueños

laberinto sin fin

aquí donde se llena de tierra
después riego.

Vengo detrás del silencio
el cuerpo me arrastra
las manos pierden la vida
esta boca, sed de labios
se desgarra al pronunciar
con este último aliento
me salvo de esta voz.

Agua
a mis labios
a la rama de mi pecho
a las hojas de mi garganta
a la montaña de mis manos

Agua
al calor de mi cuello
al silencio de mi espalda
a la sed de mis pasos
a este cuerpo que se agrieta
agua.

Naces con la montaña
te conviertes en mar

Riegas flores, jardines
escurre vida de tu vida
años de tus años
tiempo de tu tiempo

Agua primera
Agua de tu cuerpo
vientre de mi hogar

Eres agua
y yo la semilla.

Déjame quedarme aquí
donde el corazón está a salvo
esquina del rojo tuyo

Déjame olerte desde aquí
perfume de selvas y bosques

No despiertes, por favor, la herida
los cantos aún no encuentran su pájaro
y estos ojos que te miran sin tregua
desconocen las lágrimas

Déjame dormir con tu canto
puerta de los jardines
paraíso de cielos despejados
Al centro una mujer bailando.

Me acuesto sobre la cama
te observo
Tus piernas danzantes
se mueven en busca
de alguna tela
que las cubra
y yo
en secreto
deseo
que nunca
la encuentren.

Le quitas el nombre al tiempo
desvistes los segundos
detienes la palabra
le inventas un lenguaje al cuerpo

eres silencio

la pausa que mi mente ansía
el sonido del mar.

Si pudiera habitar tu cuerpo esta noche
entrar en tu piel como la luna entra al mar
navegar la oscuridad en el silencio de la palabra
deshacerme del lánguido nombre con el que intento
   mirar lo profundo
ignorar la tarea muerta de nombrar la voz que no quiere
   nombrarse
pretender que descubro el misterio

Volvería líquido mi cuerpo, te lo daría a beber
como el mar bebe la noche.

Esta noche es la más larga
quizá la última que el mundo duerme
el silencio se levanta, susurra

una estrella se escapó del cielo esta noche
encontró ensangrentada refugio bajo la almohada

la Luna está buscando
llama a todos los dioses
¡una, sólo me hace falta una!
pero a ti y a mí esta noche no nos falta nada

vuelvo a nacer tan cerca de tu cuerpo
arriba, en el firmamento rayos
truenos, linternas de incendio

que el cielo se deshaga y se vuelva a hacer
que el cielo no encuentre esa estrella que falta
que tú no despiertes y que yo no me tenga que mover

deseo llegar a tu centro
con los ojos cerrados
en la oscuridad del universo

una estrella se escapó esta noche
y decidió tejer la herida debajo de tu almohada

que la Luna pierda el nombre
es esta la noche más larga
por fin el corazón encuentra
el ritmo al cual palpitar
y a nosotras no nos falta nada.

Muéstrame ese lugar al que llamas gloria
enséñale a mis pasos a caminar los límites de tu mirada
llévame al borde de tu voz

Aunque ya no reconozca mi cuerpo
y estas manos dejen de ser mías
aunque bebas hasta mi sombra

Haz de este cuerpo lo que a tu sed le plazca

sólo te pido una cosa
no muevas ese lugar que te guarda en la memoria.

Me convierto en aire
espero cada mañana fuera de tu ventana

Me convierto en luz para ser a quien busques
en la hora más oscura

Me convierto en mar y bebo la sal de tus penas
en el jardín de tu tierra, te ofrezco orquídeas
un maguey, una higuera

Llévate todas mis flores
invéntales un nombre.

Estás entre el canto del pájaro y el invierno

Miras con ojos de tarsio a este cuerpo
que va detrás de tu sombra
te siento tan lejos y yo tan cerca
del paso que está por doblarme
llevarme al fondo que desconozco
sin embargo estas palabras intuyen
como el canto a la lluvia y la sed a la noche.

Es este el cuarto donde se esconde el miedo
al fondo la cama que se bebe el llanto
del lado derecho un cuadro que nadie ve
un librero vacío
al centro una mujer
un florero escurre en sus manos
moja sus piernas
toca sus pies
y debajo
la madera traga
la pus de sus llagas.

En el mar de mis ojos nace el lenguaje

muere en tus labios desiertos.

Habitamos
el laberinto de tu pecho
paredes, pisos
con la textura de tu piel
nos llevaste a los rincones
más oscuros de tu cuerpo
pasillos largos
sin muebles
hablaron de tu infancia
cuartos
alejados entre sí
el frío se quedó
en las manos
una casa sedienta
de pasos
un espejo
para ver
qué
detrás de la ventana
la pared
tus pies
alimentaron el pasto
un canto silencioso
salió de tus palmas
aprendiste
el lenguaje
de las plantas
te entregaste
a la humedad
de la noche
pétalo a pétalo

desnudaste el corazón
y a la tierra
le ofrendaste
la llave.

Me asomé
por la ventana
y debajo
el jardín
ya no era

Árboles de frutos
consumiéndose

La noche
roja

Ramas
como manos
tocan los cielos

Ella recostada
en la cama
de un cuarto
con forma
del mundo entero

Abrí las alas
tres costillas rotas

Me lancé por la ventana
a un jardín
(que ya no era)
en una noche
que se convertía
en fuego.

Seguí tu sombra
habité tu silencio
terminé
en las olas
de un mar
sin costa

Besé
cada pétalo
de la flor
bajo tus costillas
y en la tierra
encontré
el rescoldo
de un corazón
asfixiado.

Quise quererte en tu miseria
mujer de palabras que atravesaron
ecos de una infancia perdida

Señora de grandes plumas
ave de vuelo prisionero
Niña de ojos que buscan
y no encuentran nada

Tu voz se volvió viento
los gritos se ahogaron en la espuma
de un mar que no es mas que agua estancada.

Sentada en tu jardín
de colores difuntos
y ramas que cuelgan
desde un cielo
deseoso de verte
busco entre la tierra
cajas que de niña
guardé

Las necesito

Quiero escuchar
las risas secuestradas
en el tiempo
de un pasado
que no vuelve

Quiero recostar sobre tu pecho
el miedo alimentado
únicamente de tus versos
Quisiera matarte en susurros
repletos del filo de la navaja
de tu palabra

Confieso que fue la mujer
esa que más amo
quien despertó en mí la locura
Ella
la que escuchaba
los ecos del suicidio
en el cuarto detrás del espejo.

Emergen del agua
del fondo del agua
las voces que intentan nombrar
el rescate, la salida
torbellino de arena
que me devuelve al sol
débil aliento
no logro escuchar
a este cuerpo
no le crecen escamas
branquias, heridas
para respirar.

Hay un abismo
entre el corazón
y la cabeza
entre la palabra
y el espacio en blanco
el cuerpo
no sabe nombrar
no quiere nombrar
tiene sed
reclama el silencio.

Déjate caer a la tierra
revuélcate en los gusanos
arranca la hierba
orínate en el pasto
escarba con las manos
las uñas los dientes
déjate caer
abajo
está la tierra
riega las semillas
devuelve la sangre
encharca las manos
déjate caer, húndete
entrega el cuerpo
a la humedad.

De tu herida
emana
la carne
el tiempo
la vida.

Una mujer cubre mis ojos
dibuja un camino
justo enfrente de mi paso
Me quito la ropa
empiezo por los zapatos

Sigo el aroma de las orquídeas en su piel
gotas de miel caen de su espalda
sobre la palma virgen de mis manos

Acaricio la cicatriz en su vientre
encuentro la alquimia de nuestra carne
La raíz herida que nos une
la sangre que rompe el cuerpo
el cuerpo mojado por la memoria

Descubro mis ojos
su rostro se derrumba
y el mundo nace otra vez.

Eres de la tierra
de tu cuerpo es la humedad
tus labios se rasgan de estrellas
tus manos conjuran sueños
cuando estás lejos
de las plantas
de los pájaros
la piel se te agrieta
eres de la tierra
en ella te mueves
en ella te irás.

Tomo tres flores
las ofrendo

Siembro la primera
en el corazón de la niña
que aún te espera
en el cuarto
que guardó tu olor

Ofrezco la segunda
a la mujer
que ahora te reconoce
distinta y ajena
al caprichoso deseo
de tenerte
a su manera

Sirvo
en un vaso de cristal
agua con azúcar
dejo ahí
la última flor
fuera
de tu ventana
y por fin
cierro
la mía.

Que del cuerpo nazcan flores,
de las grietas riachuelos
los ojos se vuelvan cascadas
la boca se llene de pájaros
es hora de cortar las piernas
y aprender a volar.

Me traje el frío
de la casa
en los huesos
ecos de ausencias
guardados en la memoria
perfume de ropas
de los que ya no están
busca a sus dueños
en los pasillos
en las escaleras de serpiente
ladrillo de otro tiempo
tragaluz
sin cielo
sótano
que no es
mas que armario
de zapatos olvidados
y un paraguas por si llueve
busco en los sillones
el último recuerdo
de un domingo
los cinco
los cuatro
las tres
en la cocina
oscuridad
¿alguien vive aquí?
Voy tras la salida
a mi edén
puerta de vidrio
cortina de polvo

jardín
al que el frío
no conoce
el camino
baño de sol
guarida
sin paredes
cueva
sin fondo
espacio entero
sin ausencia.

Es esta la voz que desmiente al silencio.

Es aquí donde cae el último rayo de sol
la muerte del ocaso
el despertar del oleaje nocturno

Es este el inicio del umbral
la pausa antes del paso

la sal que alimenta al verso
el verso que mueve las hojas
las hojas dándome sombra

Es aquí

entre el silencio y la palabra,
el sueño y la vigilia

entre la puerta
y el sudor de la mano

Es aquí

antes de que el cuerpo
comience a llover.

Miro mis cosas como si fueran de otra
como si yo fuera otra
Me siento lejana y distinta ante ellas

Desconocen mis ojos la cama
el escritorio
el verde de la pared

Desconocen mis dedos los anillos
la textura de la piel

Mi cuerpo desconfía de su olor

Miro al espejo
una cara que no me pertenece

¿Qué no es este mi cuerpo
acaso no es esta mi voz?

Entre la mujer del espejo y yo existe una distancia

Me hunde
me dejo caer

Hablo desde la máscara
partida en dos

esta
y la que guarda la voz
a veces, si miro bien
de frente, de cerca

más cerca
en el espejo
logro ver debajo a la otra

pero ella
también es fragmento.

Déjame morir en tus ojos
rompe los espejos

esta cara
no quiere volverse a ver

Guárdame en el silencio de tu mirada
libérame de los límites del cuerpo

Anhelo ser la imagen
que llevas en la mente de mí.

Espero hasta el último momento para cerrar la ventana
calculo los minutos que tengo antes de que los moscos
   entren al cuarto
cierro también la puerta
anulo cualquier posibilidad que tienen los insectos de
   entrar

Me siento frente al escritorio
las manos sobre el teclado
nada

Las manos
a las páginas abiertas
del libro de David Huerta
nada

La mirada hacia la ventana
observo el movimiento de los vagones del teleférico
calculo el tiempo que tarda en pasar cada vagón en medio
   de los árboles

Regresan los ojos a la computadora
intentan las manos teclear una palabra
hablar sobre el movimiento
de las ramas sin hojas
del smog en el cielo

De la palmera que veo desde el cuarto
y que hace tres meses se secó
(tal vez por una plaga)
nada

absorbo el peso que cae sobre mí

enmudezco

me acuesto sobre la cama
intento conciliar el sueño, entonces
el zumbido de un mosco acecha mi oreja.

Devuélveme el silencio
ese espacio
tan pocas veces mío
tan frágil, tan lleno
Insecto que hiere el tiempo
anida enjambres de avispa
al fondo de la almohada.

No me perdona no saber volar
Más bien yo sé cuándo hay que caer
y no le perdono
bajo ninguna circunstancia
que no permita que mi cuerpo caiga.

Escucho al viento
viene a reclamar las alas a mi espalda
vuelvo a caminar

Ando descalza la humedad de la noche
Esta es la hora en que se pierde el nombre
es este aliento-voz que intenta hablar
el lenguaje que habita el silencio

Camino con la desnudez en el pecho
y el corazón incendiado

Tengo necesidad de volver a empezar

Aprender el ritmo del tiempo
la revelación del sueño

beber la palabra sagrada
encender la primera llama.

Voz que desea
habitar
no solo
en palabras
escritas
por otras manos
Necesidad
de ser
agua
que riega
al edén
de semillas
enraizadas
al fondo
de mi paso
incierto.

Caminas
hasta que la tierra se acaba
Miras la oscuridad
te vistes con la llama de un meteorito
La soledad se quedó en la tierra
en el espacio no hay sonido
no hay onda por la cual se mueva el llanto
El sudor en tu frente
el peso de la panza te rompe las piernas
Vuelves al cometa
a la estrella que traga tu útero
Qué nombre le pones a este dolor que cargas en el vientre
y te devora desde adentro.

Soy ¿soy? mirada fragmentada en busca de sonido
Veo ¿veo? el mundo y
no soy yo ¿yo? quien lo mira
Camino las calles sin ser quien camina
solamente un medio
¿Quién está en los extremos?
Quién mueve mis ¿mis? manos de títere que se alejan
    con su vida propia
y tocan al mundo con su propia vida
quién empuja a este cuerpo tan débil que se aleja de mí
como el rayo de sol que se aleja del cielo para hundirse
    en el mar.

Me muevo
dentro del límite
del silencio
entre el mundo
y las cinco letras escritas
en las líneas de mi mano

estoy atrapada
en el sonido
de una palabra
en el zumbido
de la memoria

en el nombre
que pone mirada
y ritmo
a este cuerpo

nombre
que nombra al mundo que veo.

¿Te acuerdas de mi nombre?

Por el que tan pocas veces me llamaste
con el que pactaste el silencio
con el que abriste la herida
el que guardaste
y no me dijiste dónde

Tú
creadora de nombres
guardiana de estrellas
del jardín tu cueva
la casa que abandonamos
a la que no quisimos volver

la de las flores
muertas
roídas
por el silencio

te vuelvo a preguntar

¿Aún guarda tu lengua
la nota ácida y huérfana
de mi nombre?

Estoy a la sombra del árbol
bajo la nube que me engendró
en el viento
en el transitar del viento
sin memoria
sin cuerpo
sin palabra.

Soy la cruz del norte
voz del cisne
que revienta en las estrellas

me muevo
a través del viento
donde nacen las flores

Soy el cuarto
la casa
desdoblo el enigma
habito la palabra

Soy el silencio
la pausa en el verso
laberinto de la mano
la llave detrás del librero
la reencarnación
de un pájaro muerto.

ÍNDICE

Dentro del límite 9
(Hay) una herida (que) atraviesa mi espalda 10
Vengo detrás del silencio 13
Agua 14
Naces con la montaña 15
Déjame quedarme aquí 16
Me acuesto sobre la cama 17
Le quitas el nombre al tiempo 18
Si pudiera habitar tu cuerpo esta noche 19
Esta noche es la más larga 20
Muéstrame ese lugar al que llamas gloria 21
Me convierto en aire 22
Estás entre el canto del pájaro y el invierno 23
Es este el cuarto donde se esconde el miedo 24
En el mar de mis ojos nace el lenguaje 25
Habitamos 26
Me asomé 28
Seguí tu sombra 29
Quise quererte en tu miseria 30
Sentada en tu jardín 31
Emergen del agua 32
Hay un abismo 33
Déjate caer a la tierra 34
De tu herida 35
Una mujer cubre mis ojos 36
Eres de la tierra 37
Tomo tres flores 38
Que del cuerpo nazcan flores 39

Me traje el frío *40*

Es esta la voz que desmiente al silencio *42*

Es aquí donde cae el último rayo de sol *43*

Miro mis cosas como si fueran de otra *44*

Déjame morir en tus ojos *46*

Espero hasta el último momento para cerrar la ventana *47*

Devuélveme el silencio *49*

No me perdona no saber volar *50*

Escucho al viento *51*

Voz que desea *52*

Caminas *53*

Soy ¿soy? mirada fragmentada en busca de sonido *54*

Me muevo *55*

¿Te acuerdas de mi nombre? *56*

Estoy a la sombra del árbol *57*

Soy la cruz del norte *58*